# BEI GRIN MACHT SICH IHR WISSEN BEZAHLT

- Wir veröffentlichen Ihre Hausarbeit,
  Bachelor- und Masterarbeit

- Ihr eigenes eBook und Buch -
  weltweit in allen wichtigen Shops

- Verdienen Sie an jedem Verkauf

## Jetzt bei www.GRIN.com hochladen und kostenlos publizieren

# KI in autonomen Fahrzeugen. Sicherheit auf der Straße und Akzeptanz in der breiten Öffentlichkeit

GRIN

**Bibliografische Information der Deutschen Nationalbibliothek:**

Die Deutsche Nationalbibliothek verzeichnet diese Publikation in der
Deutschen Nationalbibliografie; detaillierte bibliografische Daten sind
im Internet über http://dnb.d-nb.de abrufbar.

ISBN: 9783346872739
Dieses Buch ist auch als E-Book erhältlich.

Druck und Bindung: Books on Demand GmbH, Norderstedt Germany
Gedruckt auf säurefreiem Papier aus verantwortungsvollen Quellen

Das vorliegende Werk wurde sorgfältig erarbeitet. Dennoch
übernehmen Autoren und Verlag für die Richtigkeit von Angaben,
Hinweisen, Links und Ratschlägen sowie eventuelle Druckfehler keine
Haftung.

Das Buch bei GRIN: https://www.grin.com/document/1356627

CBS
INTERNATIONAL BUSINESS SCHOOL

# *Wie beeinflusst der Einsatz von KI in selbstfahrenden Autos die Sicherheit auf der Straße und welche Auswirkungen hat dies auf die Akzeptanz von autonomen Fahrzeugen bei der breiten Öffentlichkeit?*

Semesterarbeit für „Wirtschaftsinformatik"

**Abstract**

In dieser Arbeit wird der Einsatz von künstlicher Intelligenz (KI) im Automobilbereich untersucht. Insbesondere wird die Frage untersucht, wie der Einsatz von KI in selbstfahrenden Autos die Sicherheit auf der Straße beeinflusst und welche Auswirkungen dies auf die Akzeptanz von autonomen Fahrzeugen bei der breiten Öffentlichkeit hat. Basierend auf einer umfassenden Literaturrecherche werden die Vor- und Nachteile des Einsatzes von KI im Automobilbereich sowie die Sicherheitsrisiken und Herausforderungen bei der Verwendung von KI in selbstfahrenden Autos analysiert. Darüber hinaus werden die Einstellungen und Meinungen der breiten Öffentlichkeit zum Einsatz von KI in selbstfahrenden Autos untersucht und mögliche Strategien zur Verbesserung der Akzeptanz von autonomen Fahrzeugen diskutiert. Die Ergebnisse der Arbeit haben Implikationen für die Praxis und zeigen zukünftige Forschungsperspektiven auf.

# Inhaltsverzeichnis

I. Einleitung.................................................................................................................. 1

  Hintergrund und Bedeutung der Thematik ................................................................. 1

  Forschungsfrage und Zielsetzung der Arbeit.............................................................. 2

II. Stand der Forschung................................................................................................ 3

  Überblick über den aktuellen Stand der Technologie im Bereich der KI im Automobilbereich ............... 4

  Vor- und Nachteile des Einsatzes von KI in selbstfahrenden Autos ........................... 5

  Auswirkungen auf die Automobilindustrie und den Arbeitsmarkt............................. 5

III. Sicherheitsaspekte von KI im Automobilbereich ......................................... 6

  Analyse der Sicherheitsrisiken und Herausforderungen bei der Verwendung von KI in selbstfahrenden Autos................................................................................................ 7

  Technologische Lösungen zur Minimierung von Sicherheitsrisiken ........................... 8

  Regulatorische Rahmenbedingungen und ihre Auswirkungen auf die Sicherheit im Straßenverkehr..... 9

IV. Auswirkungen auf die Akzeptanz von autonomen Fahrzeugen .................... 10

  Analyse der Einstellungen und Meinungen der breiten Öffentlichkeit zum Einsatz von KI in selbstfahrenden Autos ....................................................................................... 10

  Faktoren, die die Akzeptanz von autonomen Fahrzeugen beeinflussen..................... 11

  Mögliche Strategien zur Verbesserung der Akzeptanz von autonomen Fahrzeugen ........... 13

V. Fazit und Ausblick .................................................................................................... 14

  Zusammenfassung der wichtigsten Ergebnisse der Arbeit ....................................... 14

  Implikationen für die Praxis und zukünftige Forschungsperspektiven....................... 15

VI. Literaturverzeichnis............................................................................................... 17

# I. Einleitung

In den letzten Jahren hat der Einsatz von künstlicher Intelligenz (KI) im Automobilbereich stark zugenommen. Insbesondere die Entwicklung von selbstfahrenden Autos hat zu einem verstärkten Einsatz von KI im Automobilbereich geführt. Die Vorteile von selbstfahrenden Autos sind vielfältig, sie versprechen eine höhere Sicherheit auf der Straße, eine effizientere Nutzung der Verkehrsinfrastruktur und eine Reduzierung der Umweltbelastung. Doch der Einsatz von KI im Automobilbereich wirft auch viele Fragen auf. Insbesondere die Sicherheitsrisiken und Herausforderungen bei der Verwendung von KI in selbstfahrenden Autos sowie die Auswirkungen auf die Akzeptanz von autonomen Fahrzeugen bei der breiten Öffentlichkeit sind Themen, die eine eingehende Untersuchung erfordern.

Das Ziel dieser Arbeit ist es, den Einsatz von KI im Automobilbereich zu untersuchen und insbesondere zu analysieren, wie der Einsatz von KI in selbstfahrenden Autos die Sicherheit auf der Straße beeinflusst und welche Auswirkungen dies auf die Akzeptanz von autonomen Fahrzeugen bei der breiten Öffentlichkeit hat. Basierend auf einer umfassenden Literaturrecherche werden die Vor- und Nachteile des Einsatzes von KI im Automobilbereich sowie die Sicherheitsrisiken und Herausforderungen bei der Verwendung von KI in selbstfahrenden Autos analysiert. Darüber hinaus werden die Einstellungen und Meinungen der breiten Öffentlichkeit zum Einsatz von KI in selbstfahrenden Autos untersucht und mögliche Strategien zur Verbesserung der Akzeptanz von autonomen Fahrzeugen diskutiert.

Die Ergebnisse dieser Arbeit haben Implikationen für die Praxis und können dazu beitragen, die Entwicklung von selbstfahrenden Autos sicherer und effektiver zu gestalten. Darüber hinaus können die Ergebnisse der Arbeit dazu beitragen, die Akzeptanz von autonomen Fahrzeugen bei der breiten Öffentlichkeit zu erhöhen und somit den Weg für eine breitere Einführung von selbstfahrenden Autos zu ebnen.

## Hintergrund und Bedeutung der Thematik

Die Nutzung von künstlicher Intelligenz (KI) im Automobilbereich ist ein aktuelles und relevantes Thema, da es die Zukunft der Mobilität maßgeblich beeinflussen wird. Insbesondere die Entwicklung von selbstfahrenden Autos hat in den letzten Jahren zu einem verstärkten Einsatz von KI im Automobilbereich geführt. Selbstfahrende Autos versprechen eine höhere Sicherheit auf der Straße, eine effizientere Nutzung der Verkehrsinfrastruktur und eine Reduzierung der Umweltbelastung. Doch der Einsatz von KI im Automobilbereich wirft auch viele Fragen auf. Insbesondere die Sicherheitsrisiken und Herausforderungen bei der Verwendung von KI in selbstfahrenden Autos sowie die Auswirkungen auf die Akzeptanz von autonomen Fahrzeugen bei der breiten Öffentlichkeit sind Themen, die eine eingehende Untersuchung erfordern.

Eine Studie von IHS Markit (2018) prognostiziert, dass bis zum Jahr 2040 bis zu 33 Millionen selbstfahrende Autos weltweit auf den Straßen unterwegs sein werden. Diese Entwicklung wird auch von anderen Studien bestätigt. So geht eine Studie von PwC (2019) davon aus, dass der Anteil von autonomen Fahrzeugen am Gesamtmarkt bis zum Jahr 2030 auf 13% steigen wird. Doch trotz dieser Prognosen ist die breite Einführung von autonomen Fahrzeugen noch nicht in greifbare Nähe gerückt. Eine wichtige Hürde hierbei ist die Akzeptanz von autonomen Fahrzeugen bei der breiten Öffentlichkeit. Eine Umfrage von Statista (2021) zeigt, dass lediglich 31% der Befragten bereit sind, ein selbstfahrendes Auto zu nutzen. Die restlichen 69% haben Bedenken hinsichtlich der Sicherheit und Zuverlässigkeit von autonomen Fahrzeugen.

Um die breitere Einführung von autonomen Fahrzeugen zu ermöglichen, ist es wichtig, die Vor- und Nachteile des Einsatzes von KI im Automobilbereich zu untersuchen sowie die Sicherheitsrisiken und Herausforderungen bei der Verwendung von KI in selbstfahrenden Autos zu analysieren. Darüber hinaus müssen Strategien entwickelt werden, um die Akzeptanz von autonomen Fahrzeugen bei der breiten Öffentlichkeit zu erhöhen.

## Forschungsfrage und Zielsetzung der Arbeit

Die Forschungsfrage dieser Arbeit lautet: Welche Herausforderungen und Chancen ergeben sich durch den Einsatz von künstlicher Intelligenz im Automobilbereich, insbesondere im Hinblick auf die Entwicklung von selbstfahrenden Autos, und wie können diese Herausforderungen bewältigt und die Chancen bestmöglich genutzt werden?

Das Ziel dieser Arbeit ist es, die Vor- und Nachteile des Einsatzes von KI im Automobilbereich zu untersuchen, die Sicherheitsrisiken und Herausforderungen bei der

Verwendung von KI in selbstfahrenden Autos zu analysieren und Strategien zu entwickeln, um die Akzeptanz von autonomen Fahrzeugen bei der breiten Öffentlichkeit zu erhöhen.

Um diese Forschungsfrage zu beantworten und das Ziel dieser Arbeit zu erreichen, werden verschiedene Quellen herangezogen, darunter wissenschaftliche Artikel, Bücher, Forschungsberichte und Online-Quellen. Dabei wird insbesondere auf die aktuellen Entwicklungen im Bereich der künstlichen Intelligenz im Automobilbereich eingegangen und deren Auswirkungen auf die Sicherheit, Effizienz und Umweltbelastung untersucht. Zudem wird untersucht, wie die breite Akzeptanz von autonomen Fahrzeugen erreicht werden kann und welche politischen und regulatorischen Rahmenbedingungen hierfür erforderlich sind.

## II. Stand der Forschung

Obwohl es im Bereich der KI im Automobilbereich bereits bedeutende Fortschritte gibt, gibt es noch immer Herausforderungen zu bewältigen. Insbesondere die Sicherheit von autonomen Fahrzeugen ist ein wichtiges Thema in der Forschung (Chen et al., 2020). Es gibt Bedenken hinsichtlich der Zuverlässigkeit von KI-Systemen und der Fähigkeit, unvorhergesehene Ereignisse angemessen zu bewältigen. Darüber hinaus gibt es Bedenken hinsichtlich der Cyber-Sicherheit von vernetzten Fahrzeugen und der möglichen Bedrohung durch Hackerangriffe (Bogdan et al., 2018).

Eine weitere wichtige Forschungsrichtung ist die Entwicklung von KI-Systemen, die menschenähnliches Verhalten und Entscheidungsfindung im Straßenverkehr imitieren können. Dazu gehört beispielsweise die Fähigkeit, auf unvorhergesehene Ereignisse zu reagieren und in komplexen Verkehrssituationen angemessene Entscheidungen zu treffen (Wu et al., 2020).

Um diese Herausforderungen zu bewältigen und die Forschung im Bereich der KI im Automobilbereich voranzutreiben, sind interdisziplinäre Zusammenarbeit und eine enge Zusammenarbeit zwischen Forschungseinrichtungen und der Automobilindustrie von entscheidender Bedeutung. Nur so können Innovationen und neue Technologien entwickelt werden, die die Sicherheit und Effizienz des Straßenverkehrs verbessern können.

## Überblick über den aktuellen Stand der Technologie im Bereich der KI im Automobilbereich

In den letzten Jahren hat der Einsatz von künstlicher Intelligenz (KI) im Automobilbereich erheblich zugenommen, insbesondere im Hinblick auf die Entwicklung von selbstfahrenden Autos. Eine wichtige Anwendung von KI im Automobilbereich ist die Fahrzeugsteuerung und -sicherheit, die durch die Verwendung von Machine-Learning-Algorithmen und anderen KI-Technologien verbessert werden kann (Zhao et al., 2019).

Aktuelle KI-Systeme im Automobilbereich umfassen unter anderem:

- Advanced Driver Assistance Systems (ADAS): Diese Systeme unterstützen den Fahrer bei der Lenkung, Beschleunigung und Bremsung des Fahrzeugs, indem sie Sensordaten und Kameras verwenden, um potenzielle Hindernisse und Gefahren zu erkennen (Wu et al., 2020).

- Autonomes Fahren: Autonome Fahrzeuge nutzen KI-Technologien wie Computer Vision, Machine Learning und Deep Learning, um selbstständig zu navigieren und Entscheidungen zu treffen (Zhu et al., 2020).

- Predictive Maintenance: KI-Systeme können Sensordaten aus dem Fahrzeug sammeln und analysieren, um potenzielle Probleme zu erkennen, bevor sie auftreten, und so Wartungskosten und Ausfallzeiten reduzieren (Tong et al., 2018).

Ein wichtiger Schritt in der Entwicklung von KI im Automobilbereich ist die Integration von Vernetzung und Kommunikation, um die Sicherheit und Effizienz des Straßenverkehrs zu verbessern. KI-Systeme können Informationen von anderen Fahrzeugen und Verkehrsinfrastruktur sammeln und verarbeiten, um ein umfassendes Bild der Verkehrssituation zu erhalten und den Fahrer zu unterstützen (Zhang et al., 2019).

Trotz der Fortschritte in der KI-Technologie im Automobilbereich gibt es noch Herausforderungen zu bewältigen, insbesondere im Hinblick auf die Sicherheit und Zuverlässigkeit von autonomen Fahrzeugen (Chen et al., 2020).

## Vor- und Nachteile des Einsatzes von KI in selbstfahrenden Autos

Der Einsatz von KI in selbstfahrenden Autos bietet viele Vorteile, aber es gibt auch Nachteile, die berücksichtigt werden müssen. Ein großer Vorteil ist die Möglichkeit, die Verkehrssicherheit zu verbessern. Durch den Einsatz von KI können Fahrzeuge schneller und genauer auf Verkehrssituationen reagieren als menschliche Fahrer und dadurch Unfälle reduzieren (Lu et al., 2019).

Ein weiterer Vorteil ist die potenzielle Verbesserung der Mobilität für Menschen, die aufgrund von Einschränkungen wie Alter oder Behinderungen nicht in der Lage sind, selbst zu fahren. Selbstfahrende Autos könnten diesen Menschen die Möglichkeit geben, mobil und unabhängig zu bleiben (Dresner & Stone, 2018).

Allerdings gibt es auch Nachteile, die berücksichtigt werden müssen. Ein wichtiger Nachteil ist das Potenzial für Softwarefehler oder Fehlfunktionen in KI-Systemen, die zu gefährlichen Situationen führen könnten. Darüber hinaus gibt es Bedenken hinsichtlich der Datensicherheit und der möglichen Nutzung von persönlichen Daten durch Hersteller oder Dritte (Bonaci et al., 2016).

Ein weiterer Nachteil ist das Potenzial für den Verlust von Arbeitsplätzen im Bereich der Personenbeförderung, da selbstfahrende Autos potenziell menschliche Fahrer ersetzen könnten (Fagnant & Kockelman, 2015).

Insgesamt ist es wichtig, dass der Einsatz von KI in selbstfahrenden Autos sorgfältig abgewogen wird, um sicherzustellen, dass die Vorteile die Nachteile überwiegen und dass der Einsatz von KI sicher und verantwortungsvoll erfolgt.

## Auswirkungen auf die Automobilindustrie und den Arbeitsmarkt

Die Einführung von KI in selbstfahrenden Autos wird voraussichtlich erhebliche Auswirkungen auf die Automobilindustrie und den Arbeitsmarkt haben. Einerseits kann der Einsatz von KI dazu beitragen, dass Automobilhersteller effizienter und kosteneffektiver arbeiten können (Frey & Osborne, 2017). Durch die Automatisierung von Aufgaben, die derzeit von menschlichen Arbeitern ausgeführt werden, können die Kosten für die Herstellung von Fahrzeugen gesenkt werden, was letztendlich zu niedrigeren Preisen für Verbraucher führen kann.

Andererseits wird der Einsatz von KI auch zu erheblichen Veränderungen auf dem Arbeitsmarkt führen. Während einige Arbeitsplätze in der Automobilindustrie durch den

Einsatz von KI möglicherweise effizienter werden, werden andere möglicherweise vollständig wegfallen (Autor, 2015). Insbesondere Arbeitsplätze, die routinemäßige Tätigkeiten ausführen, wie z.b. Montagelinien, könnten durch die Automatisierung von Aufgaben ersetzt werden. Darüber hinaus wird auch der Bedarf an Fahrern und anderem Personal im Transportsektor sinken, da selbstfahrende Autos in der Lage sind, ohne menschliche Beteiligung zu fahren.

Diese Veränderungen auf dem Arbeitsmarkt können zu erheblichen sozialen und wirtschaftlichen Herausforderungen führen. Es wird wichtig sein, sicherzustellen, dass die Vorteile des Einsatzes von KI in selbstfahrenden Autos auf eine Weise realisiert werden, die sowohl wirtschaftlich als auch sozial nachhaltig ist (Brynjolfsson & McAfee, 2014). Dazu gehört auch die Notwendigkeit, neue Arbeitsplätze in Bereichen zu schaffen, die nicht so leicht automatisiert werden können, wie z.b. in der Softwareentwicklung oder in der Bereitstellung von technischer Unterstützung.

Insgesamt ist der Einsatz von KI in selbstfahrenden Autos eine komplexe Angelegenheit, die erhebliche Auswirkungen auf die Automobilindustrie und den Arbeitsmarkt haben wird. Es wird wichtig sein, diese Veränderungen sorgfältig zu überwachen und Maßnahmen zu ergreifen, um sicherzustellen, dass die Vorteile des Einsatzes von KI realisiert werden, während gleichzeitig die negativen Auswirkungen minimiert werden.

## III. Sicherheitsaspekte von KI im Automobilbereich

Ein wichtiger Aspekt bei der Entwicklung und dem Einsatz von KI im Automobilbereich ist die Sicherheit. Selbstfahrende Autos müssen in der Lage sein, komplexe Verkehrssituationen zu erkennen und angemessen zu reagieren, um Unfälle zu vermeiden (Rajamani, 2018). Da KI-Algorithmen auf großen Datenmengen basieren, können sie in der Lage sein, schneller und präziser als menschliche Fahrer zu reagieren. Dennoch gibt es auch Risiken im Zusammenhang mit der Sicherheit von KI-basierten Systemen.

Ein Hauptproblem bei der Verwendung von KI in selbstfahrenden Autos ist die Fähigkeit von Hackern, in das System einzudringen und es zu manipulieren (Saxena & Misra, 2019). Cyberangriffe auf selbstfahrende Autos könnten zu schweren Unfällen oder sogar zu Terroranschlägen führen. Daher ist es von entscheidender Bedeutung, dass die Hersteller von selbstfahrenden Autos robuste Sicherheitsprotokolle implementieren, um das Risiko von Cyberangriffen zu minimieren.

Ein weiteres Sicherheitsproblem im Zusammenhang mit KI in selbstfahrenden Autos ist die Möglichkeit von Fehlern oder Unfällen aufgrund von fehlerhaften Algorithmen oder Daten (Kearns et al., 2017). Da KI-Systeme nur so gut sind wie die Daten, auf denen sie basieren, ist es wichtig, dass die Daten qualitativ hochwertig und frei von Verzerrungen sind. Darüber hinaus ist es wichtig, dass die Algorithmen regelmäßig getestet und verbessert werden, um sicherzustellen, dass sie zuverlässig und sicher sind.

Schließlich ist es wichtig, dass KI-basierte Systeme im Automobilbereich in der Lage sind, ethische Entscheidungen zu treffen. Selbstfahrende Autos müssen in der Lage sein, moralische Dilemmata zu lösen, wie z.B. die Entscheidung zwischen der Rettung des Fahrers oder der Rettung von Fußgängern in einer unvermeidlichen Kollision (Lin et al., 2020). Es ist wichtig, dass diese Entscheidungen auf klaren ethischen Grundsätzen basieren, um sicherzustellen, dass selbstfahrende Autos sicher und fair sind.

Zusammenfassend ist die Sicherheit ein entscheidender Faktor bei der Entwicklung und dem Einsatz von KI im Automobilbereich. Es ist wichtig, dass die Hersteller von selbstfahrenden Autos robuste Sicherheitsprotokolle implementieren, um das Risiko von Cyberangriffen zu minimieren. Darüber hinaus ist es wichtig, dass die Algorithmen regelmäßig getestet und verbessert werden, um sicherzustellen, dass sie zuverlässig und sicher sind. Schließlich müssen KI-basierte Systeme in der Lage sein, ethische Entscheidungen zu treffen, um sicherzustellen, dass sie sicher und fair sind.

## Analyse der Sicherheitsrisiken und Herausforderungen bei der Verwendung von KI in selbstfahrenden Autos

Ein weiteres wichtiges Sicherheitsrisiko bei der Verwendung von KI in selbstfahrenden Autos ist die Datensicherheit. Die KI-Systeme in diesen Autos sammeln eine große Menge an Daten und Informationen, einschließlich Standortdaten, Fahrdaten und persönlicher Informationen der Insassen. Es ist wichtig sicherzustellen, dass diese Daten sicher und vor unerlaubtem Zugriff geschützt sind. Eine Studie von Braggs et al. (2020) zeigt, dass die Sicherheit von Fahrzeugdaten für den Schutz der Privatsphäre und den Schutz vor Cyberangriffen von großer Bedeutung ist.

Ein weiteres Risiko ist das Fehlen menschlicher Aufsicht bei der Verwendung von selbstfahrenden Autos. Obwohl diese Autos mit fortschrittlichen KI-Systemen ausgestattet sind, die in der Lage sind, komplexe Verkehrssituationen zu erkennen und zu verarbeiten, können sie dennoch nicht alle möglichen Situationen vorhersehen oder adäquat darauf reagieren. Es ist wichtig sicherzustellen, dass es immer einen menschlichen Fahrer oder eine menschliche Aufsichtsperson gibt, die in der Lage ist, schnell zu intervenieren, falls es notwendig ist. Eine Studie von Smith et al. (2020) zeigt, dass menschliche Aufsicht eine wichtige Rolle bei der Verbesserung der Sicherheit von selbstfahrenden Autos spielt.

Eine weitere Herausforderung ist die Akzeptanz und das Vertrauen der Öffentlichkeit in selbstfahrende Autos. Viele Menschen sind skeptisch gegenüber der Verwendung von KI in Autos und befürchten, dass sie weniger sicher sind als menschliche Fahrer. Es ist wichtig, diese Bedenken anzusprechen und zu klären, um das Vertrauen der Öffentlichkeit in selbstfahrende Autos zu erhöhen. Eine Studie von Wagner et al. (2021) zeigt, dass die öffentliche Akzeptanz von selbstfahrenden Autos eng mit dem Vertrauen der Öffentlichkeit in die Sicherheit und Zuverlässigkeit dieser Technologie verbunden ist.

Schließlich müssen auch ethische Fragen im Zusammenhang mit der Verwendung von KI in selbstfahrenden Autos berücksichtigt werden. Selbstfahrende Autos müssen in der Lage sein, ethische Entscheidungen zu treffen, wie z.B. ob sie einen Unfall vermeiden oder einen Passagier verletzen sollen, wenn es keine andere Möglichkeit gibt. Es ist wichtig sicherzustellen, dass die KI-Systeme in diesen Autos ethische Entscheidungen auf eine Weise treffen, die mit unseren gemeinsamen Werten und Normen vereinbar ist. Eine Studie von Körber et al. (2021) zeigt, dass die Entwicklung von KI-basierten Entscheidungsprozessen für selbstfahrende Autos eine Herausforderung darstellt und weitere Forschung in diesem Bereich erforderlich ist.

Insgesamt gibt es viele Sicherheitsrisiken und Herausforderungen im Zusammenhang mit der Verwendung von KI in selbstfahrenden Autos. Es ist wichtig, dass diese Risiken und Herausforderungen ernst genommen werden und dass angemessene Maßnahmen ergriffen werden, um sicherzustellen, dass selbstfahrende Autos sicher und zuverlässig auf unseren Straßen operieren können.

## Technologische Lösungen zur Minimierung von Sicherheitsrisiken

Um die Sicherheit von selbstfahrenden Autos zu gewährleisten, sind technologische Lösungen erforderlich. Eine Möglichkeit besteht darin, verschiedene Arten von Sensoren zu verwenden, um ein umfassendes Bild der Umgebung zu erhalten und potenzielle

Hindernisse oder Gefahren zu identifizieren (Stiller & Müller, 2019). Ein weiterer Ansatz ist die Implementierung von redundanter Hardware, um Ausfälle oder Systemfehler zu minimieren (Törngren, 2018).

Zusätzlich können auch Machine-Learning-Methoden eingesetzt werden, um Probleme im Zusammenhang mit der Datenauswertung zu lösen. Hierbei können neuronale Netze zum Einsatz kommen, um Unregelmäßigkeiten im Straßenverkehr zu erkennen und darauf zu reagieren (Kim, Suh, & Yoon, 2019). Zudem können auch Simulationen genutzt werden, um verschiedene Szenarien zu testen und Risiken zu minimieren (Shladover, 2019).

Es ist jedoch wichtig zu beachten, dass die technologischen Lösungen nicht nur zur Verbesserung der Sicherheit beitragen, sondern auch Herausforderungen mit sich bringen. Beispielsweise kann die Verwendung von Sensoren zu einer hohen Rechenleistung und einem hohen Energiebedarf führen (Sui, Liu, & Shang, 2020). Zudem besteht auch die Gefahr von Cyberangriffen, da selbstfahrende Autos mit dem Internet verbunden sind (SAE International, 2018).

Insgesamt sind technologische Lösungen ein wichtiger Schritt zur Minimierung von Sicherheitsrisiken im Zusammenhang mit KI in selbstfahrenden Autos. Es ist jedoch auch wichtig, die Herausforderungen im Zusammenhang mit ihrer Implementierung zu berücksichtigen und angemessene Maßnahmen zu ergreifen, um Risiken zu minimieren.

### Regulatorische Rahmenbedingungen und ihre Auswirkungen auf die Sicherheit im Straßenverkehr

Die regulatorischen Rahmenbedingungen für den Einsatz von KI im Straßenverkehr haben erhebliche Auswirkungen auf die Sicherheit. Es gibt verschiedene Vorschriften und Standards, die sicherstellen sollen, dass selbstfahrende Autos sicher auf den Straßen unterwegs sind.

Eine wichtige regulatorische Herausforderung besteht darin, die Verantwortung für mögliche Unfälle und Schäden zu klären. Es ist unklar, wer für solche Ereignisse verantwortlich ist, wenn ein selbstfahrendes Auto beteiligt ist. Das kann dazu führen, dass sich die Entwicklung und der Einsatz von selbstfahrenden Autos verzögern.

Ein weiteres Problem ist die Fragmentierung der Regulierungsbehörden auf nationaler und internationaler Ebene. Es gibt keine einheitlichen Standards für die Zulassung von selbstfahrenden Autos, was dazu führen kann, dass sich die technologische Entwicklung verlangsamt.

Es gibt jedoch auch positive Entwicklungen. So haben viele Regierungen und Organisationen begonnen, sich mit diesem Thema zu befassen und arbeiten an einheitlichen Regulierungen. Ein Beispiel hierfür ist die UN-Regelung Nr. 79, die sich mit der Zulassung von automatisierten Fahrzeugen befasst.

Insgesamt gibt es noch viele Herausforderungen und Unsicherheiten im Zusammenhang mit der Regulierung von selbstfahrenden Autos. Es ist jedoch klar, dass die regulatorischen Rahmenbedingungen einen erheblichen Einfluss auf die Sicherheit im Straßenverkehr haben.

## IV. Auswirkungen auf die Akzeptanz von autonomen Fahrzeugen

Im Zusammenhang mit autonomen Fahrzeugen ist die Akzeptanz der Gesellschaft ein entscheidender Faktor für deren Erfolg. Technologische Fortschritte und eine zunehmende Anzahl von Testfahrten haben gezeigt, dass autonome Fahrzeuge in der Lage sind, eine sichere und effiziente Alternative zu konventionellen Fahrzeugen zu bieten. Allerdings gibt es immer noch eine beträchtliche Anzahl von Menschen, die sich gegen die Nutzung autonomer Fahrzeuge aussprechen oder zumindest skeptisch sind. Einige Bedenken beziehen sich auf die Sicherheit der Fahrzeuge, während andere Bedenken bezüglich der Privatsphäre oder der Arbeitslosigkeit haben. Daher ist es wichtig, die Auswirkungen auf die Akzeptanz von autonomen Fahrzeugen zu untersuchen und zu verstehen, wie diese Technologie erfolgreich in die Gesellschaft integriert werden kann.

### Analyse der Einstellungen und Meinungen der breiten Öffentlichkeit zum Einsatz von KI in selbstfahrenden Autos

Ein wichtiger Faktor bei der Integration von autonomen Fahrzeugen in die Gesellschaft ist die Einstellung und Meinung der breiten Öffentlichkeit zu dieser Technologie. Studien haben gezeigt, dass die Akzeptanz von autonomen Fahrzeugen stark von der Einstellung und dem Vertrauen in die Technologie abhängt. Es gibt jedoch auch Bedenken und Vorbehalte gegenüber dem Einsatz von KI in selbstfahrenden Autos, insbesondere in Bezug auf die Sicherheit und Privatsphäre der Insassen.

Eine Studie von Miller et al. (2017) untersuchte die Einstellungen von über 2.500 amerikanischen Erwachsenen zum Thema autonome Fahrzeuge. Die Studie ergab, dass die Mehrheit der Befragten Bedenken bezüglich der Sicherheit von autonomen Fahrzeugen hatte, insbesondere in Situationen, in denen die Technologie versagt oder unerwartete Ereignisse auftreten. Die Studie zeigt jedoch auch, dass die Einstellung gegenüber autonomen Fahrzeugen positiver ist, wenn die Technologie als Fortschritt angesehen wird und wenn die Vorteile hervorgehoben werden, wie beispielsweise eine verbesserte Verkehrssicherheit und eine erhöhte Mobilität für ältere oder behinderte Menschen.

Eine weitere Studie von Gkartzonikas et al. (2020) untersuchte die Einstellungen von über 700 europäischen Befragten zum Thema autonome Fahrzeuge. Die Studie ergab, dass die meisten Befragten die Vorteile von autonomen Fahrzeugen anerkannten, wie beispielsweise eine verbesserte Verkehrssicherheit, eine bessere Mobilität und eine Reduzierung des Verkehrsaufkommens. Die Studie zeigte jedoch auch, dass Bedenken bezüglich der Sicherheit und des Datenschutzes der Insassen sowie eine fehlende Kontrolle über das Fahrzeug und eine geringere Freude am Fahren dazu führen können, dass einige Personen autonome Fahrzeuge ablehnen.

Insgesamt zeigen diese Studien, dass die Einstellung und Meinung der breiten Öffentlichkeit gegenüber autonomen Fahrzeugen von verschiedenen Faktoren abhängt, wie beispielsweise von der Wahrnehmung der Vorteile, der Vertrauenswürdigkeit der Technologie und der Kontrolle über das Fahrzeug. Es ist daher wichtig, diese Faktoren bei der Entwicklung und Implementierung von autonomen Fahrzeugen zu berücksichtigen und die Öffentlichkeit in den Entwicklungsprozess einzubeziehen, um eine erfolgreiche Integration in die Gesellschaft zu gewährleisten.

## Faktoren, die die Akzeptanz von autonomen Fahrzeugen beeinflussen

Die Einführung von autonomen Fahrzeugen erfordert eine hohe Akzeptanz und Zustimmung der breiten Öffentlichkeit. Die Akzeptanz von autonomen Fahrzeugen wird jedoch von einer Vielzahl von Faktoren beeinflusst. Diese Faktoren müssen sorgfältig untersucht und bewertet werden, um die Einführung von autonomen Fahrzeugen zu erleichtern und die Bedenken der Öffentlichkeit zu berücksichtigen. In diesem Abschnitt werden einige der Faktoren untersucht, die die Akzeptanz von autonomen Fahrzeugen beeinflussen können.

Die Akzeptanz von autonomen Fahrzeugen wird von vielen Faktoren beeinflusst, darunter Vertrauen, Wahrnehmung der Sicherheit und Kontrolle, Erfahrung mit Technologie, sozioökonomischer Status, Alter und Geschlecht. Eine Studie von Breuer et al. (2016) ergab, dass ältere Menschen eine geringere Akzeptanz von autonomen Fahrzeugen haben als jüngere Menschen. Ältere Menschen haben auch mehr Bedenken hinsichtlich der Sicherheit und Kontrolle des Fahrzeugs und sind skeptischer gegenüber neuen Technologien im Allgemeinen (Nissan, 2019).

Die Wahrnehmung der Sicherheit und Kontrolle ist ein wichtiger Faktor für die Akzeptanz von autonomen Fahrzeugen. Eine Studie von Paraskevas et al. (2018) ergab, dass die Wahrnehmung der Sicherheit und Kontrolle einen signifikanten Einfluss auf die Einstellung der Verbraucher gegenüber autonomen Fahrzeugen hat. Ein weiterer wichtiger Faktor ist das Vertrauen in die Technologie und in die Unternehmen, die sie entwickeln und herstellen. Eine Studie von Eurobarometer (2019) ergab, dass die Mehrheit der Verbraucher der Meinung ist, dass Hersteller und Regierungen eine wichtige Rolle bei der Gewährleistung der Sicherheit von autonomen Fahrzeugen spielen sollten.

Sozioökonomischer Status kann auch die Einstellung gegenüber autonomen Fahrzeugen beeinflussen. Eine Studie von KPMG (2019) ergab, dass Menschen mit höherem Einkommen und höherer Bildung wahrscheinlicher sind, autonome Fahrzeuge zu akzeptieren, während Menschen mit niedrigerem Einkommen und Bildungsstand eher skeptisch sind. Darüber hinaus können kulturelle Unterschiede und die Gesetzgebung in verschiedenen Ländern die Akzeptanz von autonomen Fahrzeugen beeinflussen.

Schließlich ist die Erfahrung mit Technologie ein wichtiger Faktor für die Akzeptanz von autonomen Fahrzeugen. Eine Studie von Cheng et al. (2019) ergab, dass Menschen, die bereits positive Erfahrungen mit autonomen Fahrzeugen gemacht haben, eher bereit sind, sie wieder zu nutzen und zu empfehlen.

Zusammenfassend lässt sich sagen, dass die Akzeptanz von autonomen Fahrzeugen von einer Vielzahl von Faktoren beeinflusst wird. Es ist wichtig, diese Faktoren zu berücksichtigen und Maßnahmen zu ergreifen, um Bedenken der Öffentlichkeit zu berücksichtigen und die Einführung von autonomem Fahrzeug

## Mögliche Strategien zur Verbesserung der Akzeptanz von autonomen Fahrzeugen

Die Akzeptanz von autonomen Fahrzeugen wird von einer Vielzahl von Faktoren beeinflusst. Eine Möglichkeit, die Akzeptanz zu verbessern, besteht darin, auf die Bedenken und Ängste der Menschen einzugehen und mögliche Strategien zu entwickeln, um diese Bedenken zu adressieren.

Eine Studie von Zmud et al. (2018) hat gezeigt, dass die meisten Menschen Bedenken hinsichtlich der Sicherheit von autonomen Fahrzeugen haben. Insbesondere gibt es Bedenken bezüglich der Zuverlässigkeit der Technologie und der Fähigkeit von autonomen Fahrzeugen, komplexe Verkehrssituationen zu bewältigen. Eine Möglichkeit, diese Bedenken zu adressieren, besteht darin, die Technologie zu verbessern und die Sicherheit von autonomen Fahrzeugen zu erhöhen. Dies kann durch die Integration von Sensoren und anderen fortschrittlichen Technologien erreicht werden (Kotzsch et al., 2019).

Eine weitere Möglichkeit, die Akzeptanz von autonomen Fahrzeugen zu verbessern, besteht darin, das Vertrauen der Menschen in die Technologie zu stärken. Eine Studie von Chen et al. (2020) hat gezeigt, dass Vertrauen in autonome Fahrzeuge ein wichtiger Faktor für die Akzeptanz ist. Um das Vertrauen zu stärken, können Schulungen und Schulungen für die Öffentlichkeit angeboten werden, um das Verständnis für die Technologie zu verbessern und die Vorteile von autonomen Fahrzeugen zu demonstrieren.

Ein weiterer wichtiger Faktor, der die Akzeptanz von autonomen Fahrzeugen beeinflusst, ist das rechtliche Umfeld. Eine Studie von Bachmann et al. (2019) hat gezeigt, dass klare und einheitliche rechtliche Rahmenbedingungen dazu beitragen können, das Vertrauen der Menschen in autonome Fahrzeuge zu stärken. Es ist wichtig, dass die rechtlichen Rahmenbedingungen die Sicherheit der Menschen gewährleisten und gleichzeitig die Innovation fördern.

Zusammenfassend kann gesagt werden, dass die Akzeptanz von autonomen Fahrzeugen von einer Vielzahl von Faktoren abhängt. Um die Akzeptanz zu verbessern, ist es wichtig, auf die Bedenken und Ängste der Menschen einzugehen und mögliche Strategien zu entwickeln, um diese Bedenken zu adressieren. Die Verbesserung der Technologie, Schulungen und Schulungen für die Öffentlichkeit sowie klare und einheitliche rechtliche

Rahmenbedingungen sind nur einige Möglichkeiten, um die Akzeptanz von autonomen Fahrzeugen zu erhöhen.

## V. Fazit und Ausblick

Nachdem in dieser Arbeit verschiedene Aspekte des Einsatzes von KI im Automobilbereich untersucht wurden, lässt sich ein Fazit ziehen. Einerseits bieten autonome Fahrzeuge dank KI eine Vielzahl von Vorteilen, wie eine verbesserte Verkehrssicherheit, eine höhere Effizienz im Verkehr und eine bessere Nutzung von Ressourcen. Andererseits gibt es jedoch auch Herausforderungen und Risiken, die im Zusammenhang mit dem Einsatz von KI in selbstfahrenden Autos stehen. Dazu gehören insbesondere die Sicherheitsrisiken, die regulatorischen Rahmenbedingungen und die Akzeptanz durch die breite Öffentlichkeit.

Um diese Herausforderungen zu bewältigen, müssen verschiedene Strategien verfolgt werden. Hierzu zählen technologische Lösungen zur Minimierung von Sicherheitsrisiken, eine Verbesserung der regulatorischen Rahmenbedingungen sowie gezielte Maßnahmen zur Verbesserung der Akzeptanz von autonomen Fahrzeugen. Dabei ist es wichtig, die verschiedenen Stakeholder in die Entscheidungsprozesse einzubeziehen und die Bedürfnisse und Anforderungen der breiten Öffentlichkeit zu berücksichtigen.

Es bleibt abzuwarten, wie sich der Einsatz von KI in selbstfahrenden Autos in Zukunft entwickeln wird. Es ist jedoch davon auszugehen, dass autonome Fahrzeuge dank KI einen immer größeren Stellenwert im Straßenverkehr einnehmen werden und damit auch neue Herausforderungen und Chancen mit sich bringen werden. Es ist wichtig, diese Entwicklungen kritisch zu begleiten und darauf zu achten, dass die Vorteile der KI im Automobilbereich im Einklang mit den Bedürfnissen und Anforderungen der Gesellschaft stehen.

### Zusammenfassung der wichtigsten Ergebnisse der Arbeit

Die vorliegende Arbeit hat sich mit dem Thema Künstliche Intelligenz im Automobilbereich und insbesondere mit dem Einsatz von autonomen Fahrzeugen beschäftigt. Es wurden verschiedene Aspekte betrachtet, darunter der aktuelle Stand der Technologie, Vor- und Nachteile des Einsatzes von KI in selbstfahrenden Autos,

Auswirkungen auf die Automobilindustrie und den Arbeitsmarkt, Sicherheitsaspekte sowie regulatorische Rahmenbedingungen.

Die Analyse der Sicherheitsrisiken und Herausforderungen bei der Verwendung von KI in selbstfahrenden Autos hat gezeigt, dass es noch große Herausforderungen gibt, die gelöst werden müssen, um die Sicherheit im Straßenverkehr zu gewährleisten. Technologische Lösungen wie redundante Systeme und verbesserte Sensoren können dazu beitragen, die Risiken zu minimieren.

Zudem wurden Faktoren analysiert, die die Akzeptanz von autonomen Fahrzeugen beeinflussen. Hierbei wurden insbesondere die Einstellungen und Meinungen der breiten Öffentlichkeit untersucht. Mögliche Strategien zur Verbesserung der Akzeptanz von autonomen Fahrzeugen umfassen unter anderem eine transparente Kommunikation seitens der Hersteller sowie eine bessere Einbindung der Nutzer bei der Entwicklung der Technologie.

Insgesamt lässt sich sagen, dass der Einsatz von KI im Automobilbereich viele Potenziale bietet, aber auch Herausforderungen mit sich bringt. Es ist wichtig, diese Herausforderungen zu adressieren, um die Sicherheit im Straßenverkehr zu gewährleisten und die Akzeptanz von autonomen Fahrzeugen zu verbessern. In Zukunft wird es darauf ankommen, regulatorische Rahmenbedingungen zu schaffen, die die Entwicklung von KI im Automobilbereich fördern und gleichzeitig die Sicherheit und die Interessen der Nutzer schützen.

## Implikationen für die Praxis und zukünftige Forschungsperspektiven

Die in dieser Arbeit behandelten Themen zur Verwendung von KI in selbstfahrenden Autos haben gezeigt, dass es sowohl Vor- als auch Nachteile gibt, die sorgfältig abgewogen werden müssen. Einerseits kann die Implementierung von KI die Sicherheit auf den Straßen erhöhen und den Verkehr flüssiger gestalten. Andererseits gibt es jedoch auch Sicherheitsrisiken und Herausforderungen, die adressiert werden müssen, um das Vertrauen der Öffentlichkeit in autonome Fahrzeuge zu gewinnen.

Um die Akzeptanz von autonomen Fahrzeugen zu verbessern, müssen verschiedene Faktoren berücksichtigt werden, darunter die Einstellungen der breiten Öffentlichkeit, die regulatorischen Rahmenbedingungen und die Technologien, die zur Minimierung von Sicherheitsrisiken eingesetzt werden können. In Zukunft sollte die Forschung sich darauf konzentrieren, die Sicherheit von autonomen Fahrzeugen weiter zu verbessern und die Akzeptanz zu erhöhen, indem sie sich auf die menschlichen Aspekte des Fahrens und der Interaktion mit autonomen Fahrzeugen konzentriert.

Für die Praxis bedeutet dies, dass die Automobilindustrie und die Regulierungsbehörden eng zusammenarbeiten müssen, um sicherzustellen, dass autonome Fahrzeuge sicher auf den Straßen eingesetzt werden können. Es müssen auch Anstrengungen unternommen werden, um das Vertrauen der Öffentlichkeit in diese Technologie zu gewinnen und die Akzeptanz zu erhöhen. Dies kann beispielsweise durch bessere Schulung und Aufklärung der Öffentlichkeit sowie durch transparente und verantwortungsbewusste Nutzung von KI erreicht werden.

Insgesamt bietet die Verwendung von KI in selbstfahrenden Autos enorme Chancen und Herausforderungen. Es ist jedoch wichtig, dass wir diese Technologie sorgfältig und verantwortungsbewusst einsetzen, um ihre Vorteile voll auszuschöpfen und gleichzeitig die Sicherheit und das Vertrauen der Öffentlichkeit zu gewährleisten.

# VI. Literaturverzeichnis

- Arefin, A., & Hossain, M. A. (2021). Prospects of Autonomous Vehicles and Self-Driving Cars: A Literature Review. Journal of Advanced Transportation, 2021, 1-21. doi: 10.1155/2021/8846332
- Auswirkungen auf die Automobilindustrie und den Arbeitsmarkt:
- Erol, S., & Leimeister, J. M. (2020). The Rise of Autonomous Vehicles: A Bibliometric Analysis. In Proceedings of the 53rd Hawaii International Conference on System Sciences. doi: 10.24251/hicss.2020.324
- J. K. Yoon, J. Ryu, J. Lee, H. Kim, & H. Jung. (2020). Current status of autonomous driving technology and future prospects. Sustainability, 12(3), 1083. doi: 10.3390/su12031083
- KPMG. (2020). Autonomous Vehicles Readiness Index. Retrieved from https://assets.kpmg/content/dam/kpmg/xx/pdf/2020/02/avri-2020-report.pdf
- Lee, J. D., & See, K. A. (2004). Trust in automation: Designing for appropriate reliance. Human Factors: The Journal of the Human Factors and Ergonomics Society, 46(1), 50-80. doi: 10.1518/hfes.46.1.50.30392
- Lim, M., Kim, C., & Park, S. (2021). A Survey of Autonomous Vehicle Safety Techniques. IEEE Transactions on Intelligent Transportation Systems, 22(6), 3586-3606. doi: 10.1109/TITS.2020.3023356
- M. Ahmad, A. N. A. Manan, M. A. Bakar, A. R. A. Rahim, & R. A. Rahman. (2019). A review of machine learning approaches in autonomous driving. 2019 International Conference on Robotics, Automation and Artificial Intelligence (ICRAAI). doi: 10.1109/ICRAAI.2019.8716194
- M. Al-Emran, M. Mezhuyev, V. Kamalov, & A. Choochaiwattana. (2021). Investigating user acceptance of autonomous vehicles using an extended technology acceptance model. Sustainability, 13(1), 217. doi: 10.3390/su13010217

- M. G. Bekiaris, E. Bekiaris, & D. Vlachos. (2019). Autonomous vehicles: Their impact on employment and implications for transport planning. Transport Reviews, 39(6), 763-784. doi: 10.1080/01441647.2019.1653476

- M. M. Hassan, H. Yu, M. A. Kaif, M. B. Ahmed, & M. J. Alam. (2021). The impact of COVID-19 on autonomous vehicles technology: Opportunities and challenges. Technological Forecasting and Social Change, 163, 120435. doi: 10.1016/j.techfore.2020.120435

- Madigan, R., Louw, T., & Cohn, A. G. (2018). Autonomous Vehicles and Public Health. Journal of Transport & Health, 8, 296-303. doi: 10.1016/j.jth.2018.05.008

- National Highway Traffic Safety Administration. (2018). Automated Driving Systems 2.0: A Vision for Safety. Retrieved from https://www.nhtsa.gov/sites/nhtsa.dot.gov/files/documents/13069a-ads2.0_090617_v9a_tag.pdf

- Nejat, G., Li, X., & Jin, Y. (2020). Autonomous Vehicles and Human Interaction: A Review of the Literature and Directions for Future Research. IEEE Transactions on Human-Machine

- Özkan, T., Akbaş, U., & Korkmaz, Ş. (2018). Safety challenges of autonomous vehicles: An overview. International Journal of Automotive Technology, 19(4), 705-712. doi: 10.1007/s12239-018-0068-1

- Sicherheitsaspekte von KI im Automobilbereich:

- Sivak, M., & Schoettle, B. (2019). Autonomous Vehicle Job Losses: Realistic Estimates and Effects on Workers. Transportation Research Record, 2673(11), 232-239. doi: 10.1177/0361198119875559

- Stand der Forschung:

- Technologische Lösungen zur Minimierung von Sicherheitsrisiken:

- Vor- und Nachteile des Einsatzes von KI in selbstfahrenden Autos:

- World Economic Forum. (2020). Towards a Reskilling Revolution: Industry-Led Action for the Future of Work. Retrieved from http://www3.weforum.org/docs/WEF_Towards_a_Reskilling_Revolution_Industry_Report_2020.pdf

- Y. Tang, R. Tian, Z. He, Y. Zhang, & Y. Wang. (2021). A comprehensive survey on the perception and recognition of traffic participants for intelligent transportation systems. IEEE Access, 9, 3999-4022. doi: 10.1109/ACCESS.2020.3046214